A mis tres amados hijos, Ana María, Gabriela y Andrés.
Y a las niñas y niños de todas las edades: los que estamos criando y también
el niño y niña que un día fuimos y que aún habita muy dentro de nosotros.

Milena González

A todos los niños y niñas valientes que se aventurarán
por el laberinto en la búsqueda de su propia voz.

Lola Noguer

PRESENTACIÓN

Estimado/a lector/a:

El objetivo principal de esta colección es fomentar el buen trato hacia la infancia. Por ello, es importante que el menor se sienta acompañado en la lectura de este libro. Puedes encontrar un apartado de recomendaciones para personas adultas redactado por la autora al final del cuento.

Además de leer el cuento, el niño o la niña podrá responder las preguntas planteadas a lo largo de las páginas, reflexionar, compartir ideas y recuerdos con la compañía de una persona adulta, dibujar en hojas siguiendo las indicaciones, así como interactuar con el cuento y buscar un reloj de arena en las páginas interiores.

Si quieres recibir el regalo del libro, solo tienes que entrar en la página web www.editorialsentir.info con el código siguiente:

LÍMITES24

¡Encuéntrame en el interior!

¡HOLA!

ME LLAMO **MARÍA** Y VOY A VIVIR UNA AVENTURA MUY **ESPECIAL**.

¿TÚ CÓMO TE LLAMAS?

¿QUIERES ACOMPAÑARME?

Mi mamá siempre me cantaba
una canción muy bonita,
que escondía un gran tesoro.

¿Te gusta que tu mamá te cante y que te diga que te quiere?

¿Te imaginas cuál es el tesoro?

Mi mamá me repetía
la misma canción una y otra vez.

Parecía que, por ser pequeña, yo no entendía
sus palabras, pero sí las podía sentir.

Un día, mi mamá me explicó que ese tesoro que contenía la canción me ayudaría a defenderme, sin ser pasiva como las tortugas ni agresiva como los leones.

En cambio, sí me haría
ser muy sabia,
como los búhos.

¿Quieres descubrir cuál es ese gran tesoro?

Muchos de los mayores conocen la canción
y encontraron el tesoro.
Ellos pueden ayudarnos siempre que lo necesitemos.

¿Quieres dibujar en una hoja a esa persona

o personas a las que pedirías ayuda?

Mi mamá cantaba con amor
y me hablaba con seguridad y dulzura.

Tuga, Leo y yo formamos el equipo de
LOS PIRATAS DE LA PERLA ESCONDIDA
y preparamos todo lo necesario para la búsqueda del tesoro.

Emprender una aventura con mis amigos para encontrar el tesoro.

Así todos conseguiríamos defendernos sin ser pasivos como las tortugas ni agresivos como los leones.

¡Y seríamos sabios como los búhos!

¡Y me propuso
una superidea!

¡Únete a los piratas de la perla escondida

y vamos a por el tesoro!

Nos subimos a nuestro barco
y juntos emprendimos la
aventura.

¿Te gusta jugar con tus amigos?

¿Crees que lograremos encontrar el tesoro?

Tuga cogió el mapa del tesoro, pero no se decidía por qué camino seguir. Ella es amable, pero, cuando está con amigos, le cuesta decir qué quiere hacer.

Es como si se quedara sin voz.

Le cuesta decir lo que piensa, por si la rechazamos.
Tuga necesita aprender a expresar lo que piensa, siente y quiere.

¿Alguna vez te has sentido como Tuga?

De pronto, Leo alzó su voz y le quitó el mapa a Tuga.

Él es firme y fiel a sus pensamientos. Siempre quiere controlarnos a todos; nos grita, nos pega o nos muerde.

Esa agresividad no nos gusta, por eso cada vez está más solo.

Pero Leo no es malo, solo necesita aprender a escuchar lo que los demás piensan, sienten y quieren.

¿Cómo crees que podríamos ayudar a Leo?

¿Quieres escribirlo, dibujarlo en una hoja o hablarlo con un adulto?

Yo soy firme como Leo y, a la vez, amable como Tuga.
Les expliqué cómo leer un mapa.
Cuando estoy con amigos, respeto lo que ellos piensan,
sienten y quieren.

¡También soy capaz de expresar lo que quiero, siento y pienso! Sé que tengo derecho a enfadarme cuando las cosas no salen como quiero y a ser bien tratada.

¿Tú también crees que es importante tratar bien a nuestros amigos y ser bien tratados por ellos?

Cuando usamos nuestra voz como yo, de forma amable, pero nuestros amigos usan su voz como Leo, podemos pedir ayuda a los adultos.

¿Te has sentido alguna vez como María? ¿También pides ayuda a los adultos?

Y cuando vemos que a algún amigo le pasa como a Tuga,
que necesita aprender a usar su voz como su gran tesoro,
también podemos ayudarle.

¿Cómo crees que podrías ayudar a los niños
a los que les pasa lo mismo que a Tuga?

Juntos hemos encontrado el cofre.
¡Ábrelo y deja salir al tesoro!

EL TESORO ES LA VOZ,

nos ayuda y nos protege.

¡Qué bien entender, al fin, la canción de mamá!

♫ Tienes un gran tesoro
que tu vida protegerá,
ese tesoro es tu voz
y no la debes apagar. ♪

¿Quieres ponerle melodía a la canción y mandársela a María?

Le gustará mucho escucharla, o también recibir tus palabras y dibujos.

Su correo es info@editorialsentir.com

JUEGA CON MARÍA

Acompaña a María a desarrollar su gran tesoro, su voz, en diferentes situaciones. Qué diría o qué podría hacer...

- Si le dicen una cosa bonita

- Si la insultan

- Si le gastan una broma pesada

- Si le quitan algo que es suyo

- Si la ignoran o le dan de lado

RECOMENDACIONES PARA LOS ADULTOS QUE UN DÍA FUERON PEQUEÑOS

Este libro no solo está escrito y pensado para niños y niñas, también tiene el objetivo de crear un espacio de reflexión para padres, madres, cuidadores y educadores que un día fueron niños y que hoy están en proceso de aprender a usar su voz asertiva.

Tiene la intención de explicar a los padres y a los niños que cuando nos relacionamos con los demás no debemos hacerlo desde la agresividad, pero tampoco desde la pasividad.

Y ¿cuál es la opción, entonces?

Enseñarles a usar su gran voz. La voz asertiva. Es desde allí donde podemos expresar nuestros sentimientos, pensamientos, opiniones y creencias de manera respetuosa, clara y honesta. Suena sencillo al leerlo, pero, probablemente, llevarlo a la práctica no lo es tanto, sobre todo cuando muchos de nosotros venimos de familias en las que el estilo de crianza fue autorita-

rio, permisivo o quizá negligente. Aprendimos a poner límites desde el ensayo y error, a partir de las creencias que fuimos generando mientras sentíamos que teníamos que encajar, desvincularnos o pertenecer para poder adaptarnos de la mejor forma posible a nuestro grupo de referencia.

Aunque no es algo natural, la asertividad es una habilidad que podemos y debemos enseñar a nuestros hijos, porque les permitirá usar su gran voz, respetar su punto de vista y el de los demás y desarrollar resiliencia.

¿Cómo podemos enseñar todo eso?

En primer lugar, desde el ejemplo y desde la forma de relacionarnos con ellos.

Para que nuestros hijos crezcan y salgan al mundo reconociendo su capacidad de poner límites a los demás usando su voz asertiva y, a la vez,

respetando los límites de los otros, antes lo tienen que haber ensayado y practicado muchas veces en casa. Por ejemplo, cuando les enseñamos que su cuerpo es suyo y que no están obligados a dar besos y abrazos a los demás si no se sienten cómodos. O que puede decidir cómo saludar (chocando las manos, diciendo «hola», con una sonrisa, etc.). También en medio del juego; por ejemplo, si estás jugando con tu hijo a hacerle cosquillas, o a cualquier otro juego parecido, y te dice «¡Para, no quiero más cosquillas!», tu deber es parar y respetar el límite que te está poniendo, aunque sea un juego y tú te lo estés pasando bien. También le puedes enseñar el poder de usar su voz asertiva cuando le das opciones o generas espacios en los que puede decidir, en lugar de imponer exclusivamente tus normas. Recuerda que un límite es negociable siempre que no comprometa su seguridad y la de los demás, su salud y la de los otros y el respeto a los demás y a sí mismo.

Otra forma lúdica de enseñar asertividad a los niños es representando esas tres partes internas con los tres personajes que encuentras en el cuento.

Tortuga: representa la amabilidad y nuestra capacidad de pensar en el otro. Esta es una habilidad importante y necesaria en las relaciones interpersonales; el problema aparece cuando tortuga, por miedo a desvincularse, prima los derechos y necesidades de los demás por encima de los suyos, asumiendo constantemente una actitud pasiva y complaciente.

León: representa la firmeza y nuestra capacidad de pensar en nuestros derechos como personas. Esto es fundamental y es una parte muy importante cuando nos relacionamos con los demás. El problema surge cuando, por miedo a no ser escuchado o tenido en cuenta, prima sus derechos y necesidades por encima de los de los demás, asumiendo una actitud agresiva.

El miedo es la madre de todas las emociones y, como tal, nos moviliza en su estado más puro hacia los extremos. Cuando nos mueve al extremo de la firmeza, en ausencia total de amabilidad, escala hacia la rabia y sale a flote nuestra parte más agresiva. Cuando nos mueve al extremo de la amabilidad, en ausencia total de firmeza, se expresa en forma de complacencia y pasividad, y termina, gran parte de las veces, transitando hacia la tristeza.

Búho: representa nuestra voz asertiva y genera ese equilibrio necesario en las relaciones interpersonales entre la amabilidad de la tortuga y la firmeza del león. Búho se mueve a lo largo del

espectro, sin poner a reñir la firmeza con la amabilidad, sino generando un diálogo asertivo entre ambas.

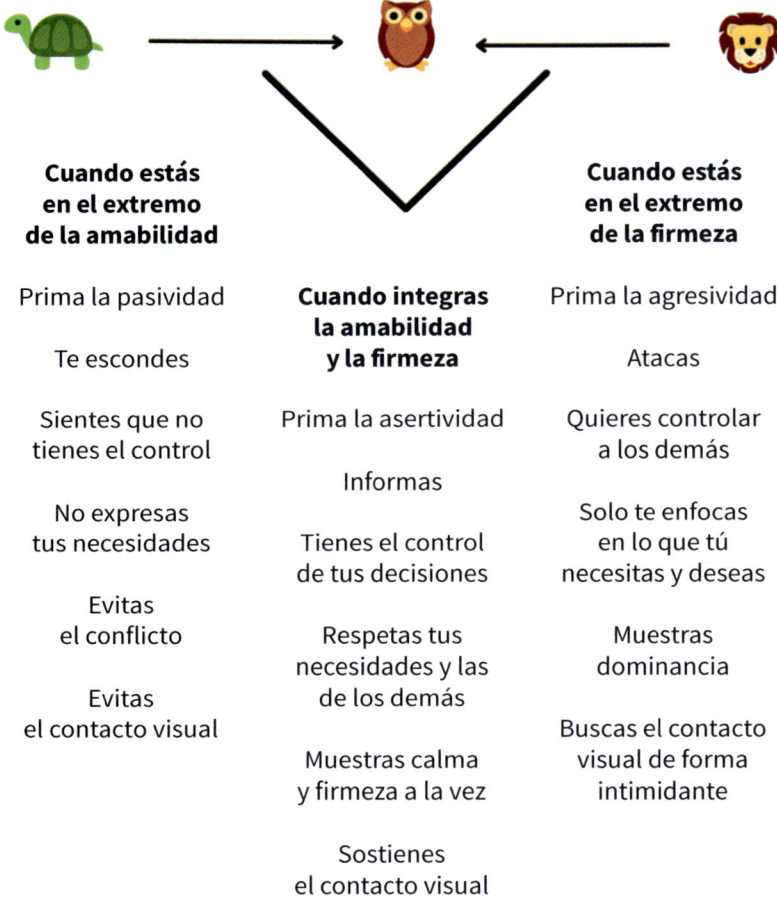

Cuando estás en el extremo de la amabilidad

Prima la pasividad

Te escondes

Sientes que no tienes el control

No expresas tus necesidades

Evitas el conflicto

Evitas el contacto visual

Cuando integras la amabilidad y la firmeza

Prima la asertividad

Informas

Tienes el control de tus decisiones

Respetas tus necesidades y las de los demás

Muestras calma y firmeza a la vez

Sostienes el contacto visual

Cuando estás en el extremo de la firmeza

Prima la agresividad

Atacas

Quieres controlar a los demás

Solo te enfocas en lo que tú necesitas y deseas

Muestras dominancia

Buscas el contacto visual de forma intimidante

Recuerda siempre que no hay mejor lugar en el que tus hijos puedan aprender las habilidades que necesitan para la vida que tu propio hogar.

Milena González

BiOGRAFÍA

Milena González
Psicóloga y psicoterapeuta experta en trauma, apego y educación emocional. Cursó el Máster de Inteligencia Emocional en la Universidad de Valencia.

Experta en psicoterapia breve con niños, adolescentes y adultos; en clínica e intervención en trauma con EMDR; en medicina psicosomática y psicología de la salud; y en evaluación psicológica y psicodiagnóstico.

Actualmente, cursa el Máster de Especialización en Clínica e Intervención en Trauma. Todas estas últimas formaciones están respaldadas por la Sociedad Española de Medicina Psicosomática y Psicoterapia.

Autora del libro *Crianza Asertiva. Cómo construir un apego seguro y cuidar de la salud mental infantil*, en Editorial Sentir.

Cuenta con una comunidad en Instagram de más de un millón y medio de personas.

PRESENTACIÓN DE EDITORIAL SENTIR

Si has llegado hasta este cuento es muy probable que seas una persona sensibilizada con la infancia y sus diferentes etapas evolutivas, así como una persona interesada por la educación, la psicología y por un trato justo y respetuoso para todos los niños y niñas de este planeta.

De una manera sencilla y dinámica, a través de nuestros cuentos, queremos mostrar a los pequeños diferentes situaciones que pueden estar atravesando ellos mismos o bien otros niños o niñas de su entorno. La idea es que, a través de sencillos relatos, los niños tengan un acercamiento a diferentes situaciones y recursos, y adquieran habilidades intrapersonales e interpersonales.

Desde Editorial Sentir queremos agradecer a todas las personas que nos siguen y acompañan en cada uno de los nuevos cuentos que vamos publicando. Gracias por vuestra implicación, preocupación y dedicación a los niños, niñas y familias de este planeta. Brindáis así a los más pequeños un mundo más amable y acogedor.

Gracias de todo corazón,

Mercedes Bermejo
Directora editorial
info@editorialsentir.com

Para más información, nuevas publicaciones y novedades, entra en **www.editorialsentir.com** y síguenos en nuestras redes sociales:

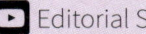 Editorial Sentir 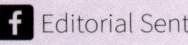 Editorial Sentir 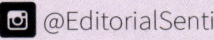 @EditorialSentir

COLECCIÓN PLANTÁNIMALS

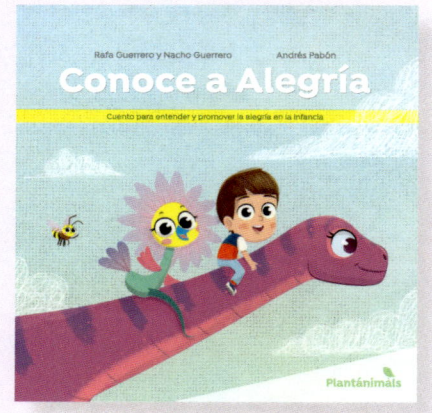

Rafa Guerrero y Nacho Guerrero — Andrés Pabón
Conoce a Alegría
Cuento para entender y promover la alegría en la infancia

Mónica Gonzalo y Alonso — Andrés Pabón
Entiende a Tristeza
Cuento para comprender y aprender a gestionar la tristeza en la infancia

Carolina Ángel y Santiago Sánchez — Andrés Pabón
Acompaña a Enfado
Cuento para comprender y aprender a gestionar el enfado en la infancia

Begoña Ibarrola — Andrés Pabón
Comprende a Miedo
Cuento para entender y aprender a gestionar el miedo en la infancia

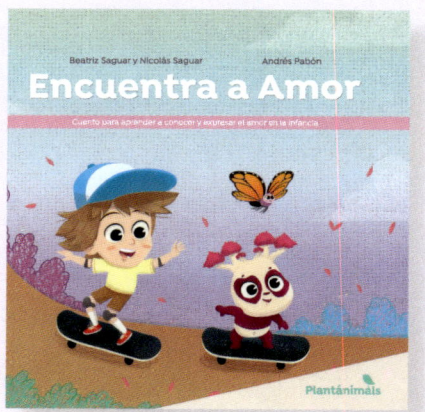

Beatriz Saguar y Nicolás Saguar — Andrés Pabón
Encuentra a Amor
Cuento para aprender a conocer y expresar el amor en la infancia

Mercedes Bermejo — Andrés Pabón
Plantánimals
LA EMOCIPEDIA INFANTIL

COLECCIÓN NEURICUENTOS

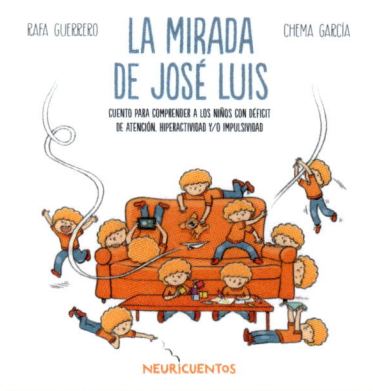

RAFA GUERRERO   **LA MIRADA**   CHEMA GARCÍA
DE JOSÉ LUIS
CUENTO PARA COMPRENDER A LOS NIÑOS CON DÉFICIT
DE ATENCIÓN, HIPERACTIVIDAD Y/O IMPULSIVIDAD

NEURICUENTOS

M.ª NIEVES SESEÑA   **EN EL COLE**   CHEMA GARCÍA
CON PEPA
CUENTO PARA ENTENDER LA DISCAPACIDAD,
VALORAR LAS DIFERENCIAS Y APRENDER A CONVIVIR CON ELLAS

NEURICUENTOS

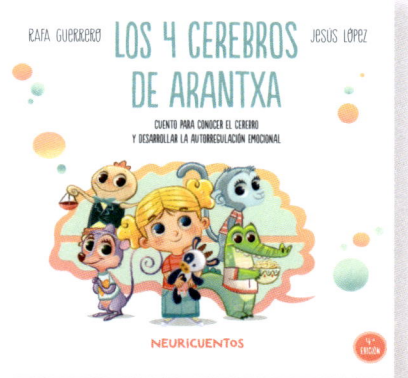

RAFA GUERRERO   **LOS 4 CEREBROS**   JESÚS LÓPEZ
DE ARANTXA
CUENTO PARA CONOCER EL CEREBRO
Y DESARROLLAR LA AUTORREGULACIÓN EMOCIONAL

NEURICUENTOS

JUAN MARTOS   **¿CUÁNTO**   ILUSTRADOR
CAROLINA LAGUNA   **NOS PARECEMOS?**   JESÚS LÓPEZ
CUENTO PARA ENTENDER Y PROMOVER UN BUEN TRATO
HACIA LAS PERSONAS DENTRO DEL ESPECTRO AUTISTA

NEURICUENTOS

NURIA BARANDA   **EN BUSCA**   JESÚS LÓPEZ
DE LAS PALABRAS
CUENTO PARA ENTENDER
LAS DIFICULTADES DEL LENGUAJE

NEURICUENTOS

PILAR HERCE   **UN UNIVERSO**   ILUSTRADOR
CAROLINA LAGUNA   **DENTRO DE MÍ**   JESÚS LÓPEZ
CUENTO PARA ENTENDER LAS ALTAS CAPACIDADES

NEURICUENTOS

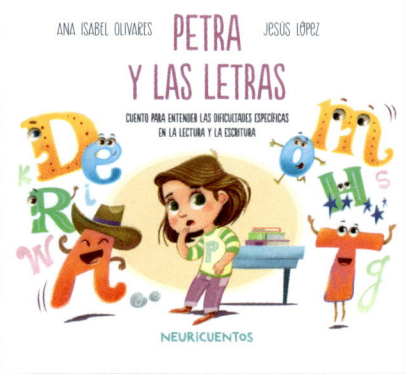

ANA ISABEL OLIVARES   **PETRA**   JESÚS LÓPEZ
Y LAS LETRAS
CUENTO PARA ENTENDER LAS DIFICULTADES ESPECÍFICAS
EN LA LECTURA Y LA ESCRITURA

NEURICUENTOS

ÚRSULA PERONA   **TENGO**   JESÚS LÓPEZ
UN SUPERPODER
CUENTO PARA ENTENDER LA ALTA SENSIBILIDAD

NEURICUENTOS